AF454683

Declaration du Roy

CONTENANT DEMEM-

brement de l'office de Conseiller dudict Seigneur, & Contrerolleur general de son Domaine cy deuant creé en chacune generalité
de son Royaume, en deux offices, pour estre
exercez alternatiuement aux gages ordinaires
de deux cés escus chacun, & outre aux droicts
tãt d'vn sol pour liure de tous deniers casuels,
seigneuriaux, & feodaux prouenans dudit Domaine, que deux escus par iour pour leursche-
uauchees. Ensemble la reduction de la taxe
desdicts offices à la moitié de ce qu'ils auoient
esté taxez. Et encores l'incorporation d'iceux
offices au corps des Tresoriers generaux de
France, & attribution des mesmes priuileges
que eux, auec seance & voix deliberatiue és
bureaux desdits Tresoriers generaux, & per-
mission de resigner lesdits offices, en payant
pour les premieres resignations deux cens escus seulement.

A PARIS,

Chez F. MOREL. & P. METTAYER,

Imprimeurs & Libraires or-
dinaires du Roy.

M. DC. XXII.

CREATION D'VN CON-
trerolleur alternatif du Domaine.

H E N R Y par la grace de Dieu Roy de France & de Polongne, à tous ceux qui ces presentes lettres verront : Salut. Comme par nostre Edict du mois d'Octobre, mil cinq cens quatre vingts vn, leu & publié en nostre Chambre des Comptes à Paris, & pour les bonnes, iustes & raisonnables causes & considerations y contenues, nous ayons creé en tiltre d'office formé vn Contrerolleur general sur le faict de nostre Domaine en chacune charge & generalité de nostre Royaume : Pour auoir dores-

A ij

enauant l'œil ſur tout noſtredit. Domaine,tenir la main à faire & parfai-
re en chacune de nos vicontez & re-
ceptes ordinaires eſtans en leurs e-
ſtendues,papiers terriers, & nouuel-
les recognoiſſances de tous & cha-
cuns les membres, parts & portions
dudict Domaine, & pluſieurs autres
functions dont ledict Contrerolleur
general eſt chargé, importans gran-
dement noſtre ſeruice, l'augmentation & conſeruation de noſtredict
Domaine, ainſi que plus à plein eſt
contenu & declaré par iceluy Edict.
Depuis lequel nous auons aduiſé
qu'il ſeroit malaiſé, que par vn ſeul
Côtrerolleur general en chacune generalité, noſtredict Edict peuſt eſtre
executé, ainſi qu'il eſt bien requis,
pour eſtre l'exercice dudict eſtat de
grand ſoing,ſollicitude, & ſubiect à
grandes,laborieuſes & curieuſes re-

cherches, outre ce qu'il eſt tenu nous
rendre ſouuét raiſon du deuoir qu'il
y aura faict par chacun an. Ce qui
nous auroit dóné occaſion d'entrer
en volóté de faire creer vn alternatif
audit eſtat de Contrerolleu general,
auec pareils gages de quatre cens eſ-
cus par an, que ceux qui luy ſont attribuez par ledit Edict, outre le ſol
pour liure qui luy eſt auſſi ordonné
de tous les deniers caſuels, & extraordinaires dependans de noſtredict
Domaine, & droicts de cheuauchees
mentionnez par celuy noſtredict
Edict. Toutefois conſiderans la grã-
de ſurcharge que cela apporteroit
à nos finances, & qu'aucuns ne ſe ſe-
roient encores preſentez pour ce
faire poururoir deſdicts offices : tant
pour ce qu'ils auroient trouué qu'ils
eſtoient taxez à ſommes par trop
grandes & exceſſiues, que auſſi à

cause de la reſtrinction & modification faicte par noſtredicte Chambre
des Comptes à la verification de noſtredict Edict ſur la perception dudi-
dict droict de ſol pour liure, Nous
auons trouué eſtre plus expedient de
demembrer ledict office de Contrerolleur general, & d'iceluy en faire
d'eux en chacune charge & generalité de noſtredict Royaume, pour e-
ſtre exercez alternatiuement, & à
moitié de gages ſeulement : & en ce
faiſant reduire auſſi la taxe qui en a
eſté cy deuant faite à la moitié.

Pour ces cauſes deſirant y pourueoir pour le bien de noſtre ſeruice,
conſeruation & augmentation de
noſtre Domaine, apres auoir mis
ceſt affaire en deliberation en noſtre
Conſeil d'Eſtat, où eſtoit noſtre tres-
honnoree Dame & mere , aucuns
Princes de noſtre ſang, & autres

grands & notables perſonnages : De
l'aduis d'iceux, auons par ceſte pre-
ſente Declaration, de certaine ſcien-
ce, pleine puiſſance, & auctorité
Royale, demembré & demembrons
ledict office de Contrerolleur general de noſtredict Domaine en chacune charge & generalité de noſtredict Royaume, & d'iceluy faict &
faiſons deux, pour eſtre leſdits deux
offices tenus & exercez alternatiuement par ceux qui en ſeront par nous
pourueus, tout ainſi que ſont les offices de Contrerolleurs generaux de
nos finances en chacunes d'icelles generalitez, ſans toutesfois que pour
cauſe dudit demembrement & pre-
ſente creation dudict ſecód Contrerolleur general alternatif, nous ſoyós
tenus ny chargez d'aucuns nouueaux
gages ou droicts, autres que ceux
portez par noſtredict Edict de pre-

miere creation : ains voulons & en-
tendons les gagez attribuez par iceluy audit Contrerolleur general premier creé, qui font de quatre cens
efcus fol par an, foyent departis auf-
dicts deux Controlleurs generaux,
aufquels nous les departons par moitié & egale portion, qui eft à raifon
de deux cés efcus fol à chacun, de gages ordinaires par an, qu'ils auront &
prendrót par chacun quartier d'ánee
par leurs fimples quictáces, feló qu'il
eft porté par noftredit premier Edit.
En confideration dequoy, nous voulons que au prealable, les fommes
aufquelles lefdits offices ont cy deuát
efté mifes en taxe, foient comme def-
fus departies entre lefdits deux Contrerolleurs generaux ancien & alternatif, qui par nous en feront pourueuz en chacune defdites charges &
generalitez. Et femblablement que
cha-

chacū d'eux payera moitié de ladite
taxe. Voulons que lefdits Contrerolleurs generaux tant anciens que alter-
natifs, foiét tenus & reputez, & iceux
tenons & reputons eftre du corps de
nos amez & feaux Cófeillers les Pre-
fidents & Threforiers generaux de
France, & des principaux officiers du
domaine de noftre Couronne, & cóme tels les auons decorez & decorós
du tiltre de nos Confeillers & Contrerolleurs generaux de noftredit domaine, chacū d'eux au lieu où ilsferót
par nous pourueuz & eftablis pour
eftre rédus perpetuels, cóme officiers
ordinaires de noftredict domaine,
fans que pour quelques fuppreffions
qui foient dorefnauant faictes, ils
puiffent eftre aucunement fuppri-
mez, & defquelles, entant que befoin
feroit, nous les auons exceptez &
exceptons par ces prefentes, pour ce

fignees de noftre main. Voulans pa-
reillement qu'ils & leurs fuccefleurs
efdits offices iouyfient de tous & tels
priuileges,exemptions,franchifes &
libertez dont iouyfient & ont accou-
ftumé iouyr iceux Treforiers gene-
raux.Et outre pour leur donner plus
d'occafion de bien,fidellemét & dili-
gém, ent s'acquiter du deuoir de leurs
charges, nous auons permis & per-
mettons par ces prefentes à ceux qui
feront premiers pourueuz defdicts
offices,de les pouuoir refigner quád
bon leur femblera, fans que pour
leur premiere refignation ils foient
tenus nous payer par chacun d'eux
plusgrande fomme que de deux cés
efcus fol, & d'autant que la reftrinction & modification faicte par no-
ftredicte Chambre des Comptes à
la verification dudict Edict, fur le
droict du fol pour liure par nous

ordonné aufdits Contrerolleurs generaux de tous deniers prouenans de
nos droicts feodaux , & autres deniers cafuels de noftredict Domaine,a efté l'vne des principales caufes
& occafions qu'aucuns ne fe font
faicts pourueoir defdicts offices : &
qu'il eft bien raifonnable qu'ils en
iouyffent entierement chacun en
l'annee de fon exercice, pour ne deuoir eftre de pire condition, que le
Côtrerolleur general des reftes &de-
bets de nos officiers comptables &
Receueurs des amédes de nosCourts
de Parlement & des Aydes, lefquels
iouyffent de pareils & plus grands
droicts,foit que les deniers defdis reftes & amendes prouiennét par leurs
diligences,ou autremét fans aucunes
diligences, attendu mefmes qu'eftás
lefdits gages de chacun defdits Contrerolleurs generaux reduits à deux

cens escus par an, ils ne seroient suffi-
sans pour l'entretenemét d'eux, leurs
Clercs & commis: estant certain que
pour bien & exactement faire & ex-
ercer leurs charges, ils serót cótraints
estre le plus souuent hors des villes &
lieux où ils seront establis, & partant
subiets à faire de grands frais & despé-
ses extraordinaires, & considerans
que nos predecesseurs Roys & nous,
auons tousiours de tout temps ac-
coustumé faire dó du tiers, au moins
du quart aux denonciateurs de toutes choses qui nous font cachees &
recellees, cóme sont ordinairement
la pluspart de nosdits droits seigneuriaux & feodaux. Et que dudit tiers
ou quart nous pourrons demeurer
deschargez à l'aduenir par le moyen
du deuoir qu'esperons en cela desdits
Contrerolleurs generaux, tel qu'il ne
sera plus besoin d'aucuns denoncia-

teurs: Nous pour ces caufes voulons
& entendós que iceux Cótrerolleurs
iouyffent, fuyuant noftredict Edict,
chacun d'eux en l'annee de fon exercice, dudit droit du fol pour liure, re-
uenāt à trois fols pour efcu de tout ce
qui nous prouiendra, tant à caufe de
nofdits droicts feigneuriaux, & feodaux, que autres deniers cafuels & ex.
traordinaires de noftredit domaine,
foit que lefdits droicts & deniers cafuels foiét prouenus par le moyen de
leurs recherches, pourfuites & diligé-
ces, ou autrement fans diligences en
quelque forte que ce foit, & que d'ice
luy droict ils foiét entieremét payez
& fatisfaits fans aucune referuation, à
cómencer du iour de leurs receptiós
efdits offices. Et ce nonobftant ladite
reftrinction & modification de no-
ftredite Chambre des Comptes, que
ne voulons leur nuyre ne preiudicier

B iij

en aucune maniere. Et laquelle reftrinction & modificatiõ nous auõs
à cefte fin leuee & oftee, leuons & o-
ftons par cefdites prefentes, à la charge que lefdits Contrerolleurs generaux feront tenus, chacun en l'annee
de fõ exercice, enuoyer en fin de chacun quartier d'annee à nos amez &
feaux les Prefidens & Treforiers generaux de France és bureaux où ils feront eftablis, eftat abregé, deuëment
certifié & figné de leurs mains , de
tous nofdits droits feigneuriaux, feodaux, & deniers cafuels qui nous ferõt
aduenuz, & efcheuz en l'eftenduë de
leurs charges pour en faire eftat certain, & nous en ayder en nos vrgens
affaires. Et en fin de chacune annee
enuoyer auffi vn eftat au vray, & par
le menu, de toutes les verifications
que chacun defdits Contrerolleurs
aura faites durant chacune annee aux

Intendans & Côtrerolleurs generaux
de nos finances, pour y auoir recours
quand besoin sera.

Si donnons en mandement à nos
amez & feaux, les gens de nosdits cō-
ptes audit Paris, Presidens & Tresoriers generaux de France és bureaux
par nous establis en chacune desdites
charges & generalitez de nostre Royaume, que ceste presente delaratiō &
demembremét ils facent chacun en-
droict soy lire, publier, & registrer, &
du contenu iouyr & vser alternatiuement, pleinement, paisiblement & à
tousiours, lesdits Contrerollours generaux de nostredit domaine, & leurs
successeurs esdits offices, sans souffrir
ne permettre qu'il y soit contreuenu
en quelque sorte & maniere que ce
soit ou puisse estre. Car tel est nostre
plaisir. Nonobstant quelsconques
Edicts, ordonnances, restrinctions,

mandemens, defenses, & lettres à ce
cótraires:à toutes lefquelles, enfëble
aux derogatoires des derogatoires
d'icelles, Nous auons pour ce regard,
&fans y preiudicier en autres chofes,
derogé & derogeós par cefdites prefentes. Et pource que de cefdites prefentes l'ó pourra auoir befoin en plu-
fieurs & diuers lieux, Nous voulons
que au vidimus, d'icelles, ou copie
deuëment collatiónee par l'vn de nos
amez & feaux Notaires & Secretai-
res, foy foit adiouftee cóme au pre-
fent original. Auquel, en tefmoin de
ce, nous auons fait mettre noftre
feel.

Donné à Paris, le vingttroifieme
iour de Mars, l'an de grace mil cinq
cens quatre vingts trois, & de noftre
regne le neufiefme.
Signé   HENRY.
                                Et fur

Et sur le reply, Par le Roy estant en son Conseil. BRVLART.

Et seellees du grand seel sur double queuë en cire iaulne. Et sur ledit reply est encores escrit,

Registrees en la Chambre des Comptes, ouy le Procureur general du Roy, ainsi qu'il est contenu au registre sur ce faict le quatriesme iour d'Auril, l'an mil cinq cens quatre-vingts trois.

Signé. DANES.

C

ARREST DE LA CHAM-
BRE DES COMPTES.

Eu par la Chambre les lettres patentes du Roy donnees à Paris le vingt troisiesme iour mars dernier passé, signees de sa main. Et sur le reply, Par le Roy estât en son conseil, Brulart. Par lesquelles ledit Seigneur démébre l'office de Côtrerolleur general de son domaine en chacune generalité. Et d'iceluy faict deux offices, pour estre tenus & exercez alternatiuement par ceux qui en seront pourueus, tout ainsi que sont les offices de Côtrerolleurs generaux des finances, en chacune d'icelles ge-

neralitez, fans que pour caufe dudict demembremēt ledict Seigneur
foit chargé d'aucūs nouueaux gages
ou droits, autres que ceux portez par
l'Edict de premiere creation, & autres claufes & conditions portees, &
plus au long fpecifiees par lefditeslet-
tres. L'Edict de creation defdits Cō-
trerolleurs generaux du mois d'O-
ctobre, mil quatre cens quatrevingts
vn : verifié en ladite Chābre, le qua-
triéme iour d'Aouſt auſſi dernier. En-
femble les conclufions du Procureur
general dudit Seigneur, auquel le
tout a efté commuiqué. Tout confi-
deré, la Chābre a ordonné & ordō-
ne, lefdites lettres eſtre regiſtrees en
confequēce de l'Edict du mois d'O-
ctobre, mil cinq cēs quatre vingtsvn.
pour le regard du demembrement.
Et pour iouyr par lefdits Contrerolleurs du droit de fol pour liure à pré-

dre fur lesdeniers extraordinaires dudit domaine. A fçauoir, lots, ventes,
rachapts, quints, requints, aubeines,
confifcations, forfaictures & efpaues
feulement, & fans toucher aux vétes
de bois ny bois chablis : le tout pour
le domaine tenu & poffedé par fa
Maiefté, & non aliené. Et auffi fans
preiudice des remifes & liberations,
& droicts des priuileges, ny que les
pourueuz efdits eftats, les puiffent
refigner fuyuant la claufe contenuë
efdictes lettres fans la permiffion du
Roy. Et outre aux autres charges &
modifications porteez par l'Arreft de
ladite Chambre, donné fur ledit premier Edict du mois d'Octobre, mil
cinq cens octante & vn. Demeurant
au furplus iceluy premier Edict en
fa force & vertu.

Faict le quatriefme iour d'Auril,
mil cinq cens quatre vingts trois.

Et plus bas est escrit.

Extraict des Regiſtres de la Cham-
bre des Comptes.

Signé, **D A N E S.**

Ledit Edict a eſté fait reimprimer
par Maiſtre Germain Foullon, Conſeil-
ler du Roy, & Contrerolleur general
du Domaine, en la Genertlité de Tours.